Christina Koenig

Osternestgeschichten

Zeichnungen von Kerstin Völker

Für Eike und Juliane

Bibliografische Information Der Deutschen Bibliothek
Die Deutsche Bibliothek verzeichnet diese Publikation
in der Deutschen Nationalbibliografie; detaillierte bibliografische
Daten sind im Internet über *http://dnb.ddb.de* abrufbar.

*Der Umwelt zuliebe ist dieses Buch
auf chlorfrei gebleichtem Papier gedruckt.*

ISBN-10: 3-7855-5825-2
ISBN-13: 978-3-7855-5825-6
Neuausgabe des Titels
Leselöwen-Ostereiergeschichten
1. Auflage 2006
© 2000 LOEWE Verlag GmbH, Bindlach
Umschlagillustration: Katharina Wieker
Reihenlogo: Angelika Stubner
Printed in Germany (017)

www.loewe-verlag.de

Inhalt

Piratenhasen 9
Rettet Ostern! 19
Osterfest im Krankenhaus 26
Huhn oder Ei? 33
Eierköpfe 39
Die Erfindung des Eiermaltanzes 46
Das größte Ei der Welt 50

Piratenhasen

Letztes Jahr hatte ich überhaupt keine Lust auf Ostern. So ein Kinderkram. Das war nichts für mich.

Ich war mit meinen Gedanken ganz woanders: in der Welt der Piraten! Ich las alles über Piraten, was mir in die Finger kam. Wirklich alles. Schließlich wollte ich ja selbst einer werden!

Was nichts mit Piraten zu tun hatte, rauschte an mir vorbei. Interessierte mich nicht. Klar, essen musste ich noch und aufs Klo gehen. Auch die Schule blieb mir nicht erspart und mein kleiner Bruder Florian auch nicht.

Aber die doofe Ostereiersucherei, das war zu viel. Das war was für Babys. Ich beschloss, Ostern nicht mitzumachen.

Meine Eltern waren einverstanden.

Vor dem Osterspaziergang konnte ich mich allerdings nicht drücken. Da musste ich mit. Wegen der Bewegung.

„Na ja", dachte ich mir, „dann schau ich halt mal bei meiner Deichanlage vorbei." Die hatte ich nämlich selbst gebaut. Hinter der Brücke am Pietsch-Bach.

Alles war in Ordnung, stellte ich fest. Nur eine Flasche hatte sich in den Zweigen des Dammes verheddert. Ich fischte sie heraus. Und dann machte ich *die* Entdeckung: Es war eine Flaschenpost! Das stell sich mal einer vor! Eine

echte Flaschenpost! Von einem gekaperten Schiff oder von Schiffbrüchigen aus der Südsee!

Aber es sollte noch besser kommen. In der Flasche war nämlich eine echte Schatzkarte.

Der Osterspaziergang wurde natürlich sofort unterbrochen, und die Eltern, Florian und ich hingen mit den Nasen über der Karte. Auf der war so etwas wie ein Hügel eingezeichnet. Ein Hügel mit einem Adler. Und vor dem Hügel war ein Fluss. Und vor dem Fluss ein Wald mit einem Totenkopf.

Florian bekam es mit der Angst zu tun. Er verstand zwar nicht, worum es ging, aber der Totenkopf war ihm unheimlich. Er wollte die Flasche wieder in den Bach werfen. Das kam natürlich nicht infrage. Außerdem war der Totenkopf doch nur ein Trick. Das war mir sofort klar. Der sollte doch nur von dem Wald abschrecken, wo der Schatz vergraben lag!

Eine Ewigkeit haben Papa und ich dann überlegt, um was für einen Wald es sich handeln könnte. Ein Fluss musste in seiner Nähe sein und ein Hügel.

Nun, einen Fluss hatten wir auch. Gleich hinter unserem Wäldchen. Aber was der Adler auf dem Hügel sollte? Wo gab es denn schon Adler?

Dann fiel mir siedend heiß ein, dass der kleine Berg hinter der Ortsausfahrt Greifhügel genannt wird. Ich bin fast gestorben vor Aufregung! Das war es. Das war die Lösung! Adler sind doch Greifvögel!

Es musste sich also um *unseren* Wald

handeln, der auf der Karte eingezeichnet war! Eindeutig. Denn unser Wald lag dem Greifhügel am nächsten!

Wir gingen sofort nach Hause. Ich schnappte mir eine Schaufel und machte mich auf in den Wald. Mein kleiner Bruder lief mit einem Körbchen hinter mir her. Er wollte Ostereier suchen.

Ich überlegte, worauf ich alles zu achten hatte. Die spannendsten Stellen

dutzender Schatzsucher-Bücher zogen an mir vorbei. Ich musste einfach auf alles achten! Auf jede Besonderheit. Auf Zeichen in den Baumrinden, auf abgeknickte Äste, auf auffällig gewachsene Bäume. Alles und jedes konnte ein Hinweis auf den vergrabenen Schatz sein!

Meter für Meter durchkämmte ich den Wald. Jeden hohlen Baumstamm knöpfte ich mir vor. Sogar den Sumpf mit den toten Birken, um den ich sonst immer einen riesigen Bogen machte.

Aber alles umsonst! Nicht die kleinste Silbermünze! Fast hätte ich aufgegeben.

In der Nähe von meinem alten Baumhaus aber erregte ein alter Lappen meine Aufmerksamkeit. Er hing schlapp von einem Ast herunter und hatte etwas von einer Fahne. Zufällig baumelte der bestimmt nicht da herum. Als ich die Lappenfahne mit einem Stock auseinander zog, erkannte ich deutlich die

ausgeblichenen Umrisse eines Totenkopfs.

Hier musste es sein! Ich stellte mir schon Berge von Gold und Edelsteinen vor.

Wie wahnsinnig fing ich zu buddeln an. Genau unter dem Ast mit dem Lappen. Wildschweine hatten an der Stelle wohl auch schon ihr Glück versucht, denn die Erde war ziemlich locker.

Nach ein, zwei Schaufelbreiten stieß ich auf etwas Hartes. Dunkle Holzplanken!

Jetzt buddelte ich mit den Händen weiter, damit nichts kaputtging.

Endlich hatte ich es geschafft! Sie lag vor mir: die Kiste mit dem Schatz! Feucht und rostig war sie und nicht besonders groß. Und der Deckel klemmte auch. Nur mit allergrößter Mühe schaffte ich es, ihn mit der Schaufel aufzustemmen.

Ich starrte hinein und traute meinen Augen nicht. Der Inhalt war ziemlich anders, als ich ihn mir vorgestellt hatte. Kein Gold. Keine Pokale. Keine kostbaren Waffen – Ostereier waren in der Kiste! Haufenweise Ostereier. Verpackt in silber- und goldfarbene Alufolie. Da fiel bei mir der Groschen.

Meine Eltern hatten mich reingelegt! Mann, ich war vielleicht sauer!

Kurz darauf kam Florian angewackelt und zeigte mir sein Körbchen. Lauter kleine, braune Dinger hatte er gesammelt. Florian war stolz wie Oskar. Zu Recht. Schließlich waren die braunen Winzlinge

auch vom Osterhasen. Waschechte Hasenköttel waren das!

Nun musste ich doch lachen und konnte gar nicht mehr aufhören. Das war der Witz des Tages!

Dann habe ich die Hasenköttel ausgeschüttet und Eier aus meiner Schatzkiste in sein Körbchen gelegt. Mit Kiste und Körbchen sind wir dann nach Hause gezuckelt. Und es wurde noch ein richtig tolles Osterfest.

Rettet Ostern!

Als Meverik früh am Morgen aus dem Schlaf erwacht, spürt er genau: Bald ist es so weit, bald ist Ostern.

Mit einem Schnurrbartkitzelkuss weckt er Melvine, seine Frau: „Melvine, wir müssen los! Bald ist es so weit, bald ist Ostern!"

Melvine reibt ihre Augen, atmet tief durch, und dann hoppeln sie los zu Bauer Merschmann.

Die Hühner von Bauer Merschmann sind die wichtigsten Osterei-Produzentinnen der ganzen Gegend. Prachtvolle Eier legen sie. Genau das Richtige für ein prachtvolles Osterfest.

 Als Meverik und Melvine auf dem Bauernhof ankommen, ist weit und breit kein einziges Huhn zu sehen. Kein Gackern, kein Scharren, kein Picken. Nichts.

 „Irgendetwas ist hier faul", sagt Meverik und hält witternd seine Nase in die Luft.

Da entdeckt er ein neues, flaches Gebäude ein paar Meter hinter dem Misthaufen. Es hat nur ein einziges Fenster. Meverik und Melvine bekommen einen gehörigen Schreck. Das darf doch nicht wahr sein!

Drinnen hocken ihre Hühnerfreundinnen in winzigen Käfigen, übereinander und untereinander gestapelt wie Schuhkartons in einem Kaufhaus.

Als Melvine die mickrigen Eier sieht, die die Hühner nur noch legen, ist sie doppelt entsetzt. Diese Eier sind für das Osterfest gänzlich ungeeignet!

Die Hasen hoppeln entrüstet auf den Bauern zu.

„Entschuldigen Sie", beginnt Melvine. „Warum haben Sie die Hühner denn ins Gefängnis gesteckt? Haben die denn was verbrochen?"

Der Bauer murmelt etwas von „keine Zeit" und „billige Eier" und beachtet Melvine nicht weiter.

„Hören Sie", versucht nun Meverik sein Glück. „Wir sind die Osterhasen hier im Landkreis und brauchen dringend Eier für das Osterfest! Schöne, große Eier. Gefängniseier taugen nichts."

Dem Bauern ist das egal, und die beiden machen sich mit hängenden Ohren auf den Heimweg.

„Dann wird Ostern wohl ins Wasser fallen", bedauert Meverik.

„Und die Kinder? Und die Hühner?",
fragt Melvine entsetzt. „Wir können sie
doch nicht einfach im Stich lassen!"

Das will Meverik natürlich auch nicht.
Entschlossen greift er zu Papier und
Pinsel und schreibt einen Brief an die
Zeitung.

Von eingesperrten Hühnern schreibt er,
von mickrigen Eiern, und dass das
Osterfest wohl ausfallen wird.

Die Zeitungsleute reagieren sofort. Auf Ostern will nämlich keiner verzichten! Ein Jahr ohne Ostern, das ist wie ein Sommer ohne Schwimmbad.

„Rettet das Osterfest!" und „Lasst die Hühner frei!", schreiben die Journalisten auf die Titelseite der nächsten Zeitung. Sogar das Fernsehen berichtet von der bevorstehenden Osterkatastrophe.

Bei Bauer Merschmann steht das Telefon nicht mehr still. Anrufer von nah und fern bitten ihn, doch seine Hühner freizulassen.

Als Meverik und Melvine ihren Freundinnen am nächsten Tag einen Besuch abstatten, schlagen sie einen doppelten Salto vor Freude: Das Federvieh ist wieder frei! Glücklich und vergnügt scharrt und gackert es auf den Wiesen herum. Und die ersten Prachteier leuchten bereits im Stroh.

Meverik und Melvine klatschen die Pfoten zusammen. Das ist gerade nochmal gut gegangen! Aber schließlich sind Osterhasen ja keine Angsthasen!

Osterfest im Krankenhaus

Ausgerechnet kurz vor Ostern muss die Großmutter ins Krankenhaus. Dabei haben sich Ella und Alex so auf das gemeinsame Eiersuchen gefreut. Oma ist immer so lustig dabei. Sie gackert wie ein Huhn und macht noch allen möglichen anderen Quatsch.

Ella und Alex sind sich einig: Ostern ohne Oma geht nicht. Und überhaupt vermissen sie sie bereits am ersten Tag.

„Wenn sich die Oma ganz doll freut, wird sie doch bestimmt schneller gesund, oder?", fragt Ella ihren Vater.

Daran besteht für den Vater kein Zweifel.

Ab jetzt steht für Ella fest: Dieses Jahr wird Ostern im Krankenhaus gefeiert. Gackern kann die Oma schließlich auch im Bett.

Sofort weiht Ella ihren Bruder in ihren Plan ein. „Zuerst gehen wir Eier sammeln, Alex. Für Oma und die anderen Omas. Bei Edeka und im Supermarkt. Wir sagen, es ist für das Krankenhaus, und dann wird es schon klappen."

„Und dann malen wir schöne Bilder und kleben sie vorne und hinten an die Betten", schlägt Alex vor. „Als Oster-dekoration."

„Abgemacht!" Die beiden klatschen ihre Hände zusammen und machen sich gleich auf den Weg.

Bei Edeka haben sie Glück. Der Verkäufer kennt die Kinder, und auch an die Großmutter kann er sich gut erinnern. Verständnisvoll schenkt er ihnen vier Osterhasen aus Schokolade.

Im Supermarkt klappt es leider nicht.

Aber immerhin haben sie schon vier Hasen zusammen. Wenn sie noch etwas von ihren eigenen Osterschleckereien dazutun, wird es schon reichen.

Mit Feuereifer malen Ella und Alex nun Osterbilder: Hasen, Eier und Blumen kreuz und quer durcheinander. Alex malt sogar ein Hasenkrankenhaus mit vielen kranken Hasen. Einer hat einen dicken Verband um die Ohren.

Als der Vater nach Hause kommt, wird auch er von Bastellust gepackt. Er holt Papier aus seinem Büro und macht ein paar Skizzen. Skizzen macht der Vater nämlich immer. Sogar wenn er Kuchen backt.

Dann klebt er drei Blätter Papier an den schmalen Seiten zusammen und faltet eine Ziehharmonika, so breit wie eine

28

Kinderhand. Auf die Ziehharmonika zeichnet der Vater eine merkwürdige Linie, aus der Ella und Alex erst gar nicht schlau werden. An dieser Linie schneidet er das Papier ab und zieht die Ziehharmonika wieder auseinander. Sechs ausgeschnittene Papierhasen kommen zum Vorschein und reichen sich tanzend die Hände.

„Boh!", ruft Ella. „Du kannst ja zaubern, Papa!"

Der Vater faltet neun weitere Zieh-
harmonikas, zeichnet neun weitere halbe
Hasen, und Ella und Alex schneiden das
Papier an den Kanten ab. Die Mini-
girlanden kleben sie zu einer einzigen
großen zusammen. Noch ein paar
Farbtupfer drauf und fertig.

„Superspitzenmäßig", freut sich Alex und
strahlt.

Alle drei können Ostern kaum noch
erwarten. Dann, am Ostersonntag, startet
die Überraschung.

„Der Osterhase hat was abgegeben!",
verkünden Ella und Alex den alten
Damen. „Weil ihr ja im Krankenhaus liegt."

„Wie bitte?", fragt eine der Damen und
hält eine Hand ans Ohr. „Wer ist nicht
mehr am Leben?"

„Nein, nein! Der Osterhase hat was
abgegeben!", sagt Ella so laut sie kann.

Alex klebt fix die Bilder an Betten und
Schränke, und der Vater hängt die
prächtige Girlande auf. Es sieht plötzlich

30

sehr, sehr österlich aus. Die Ahs und Ohs der staunenden Patientinnen nehmen gar kein Ende.

„Jetzt alle die Augen zu", kräht Ella fröhlich und versteckt die Schokohasen und Eier unter den Bettdecken und Kopfkissen.

Als sie fertig ist, verkündet sie: „So, jetzt könnt ihr suchen."

„Gack-gack-gack-gack-gack", macht ihre Großmutter, als sie das erste Ei findet. Alle lachen los.

Angelockt von der guten Stimmung, betreten plötzlich zwei Krankenschwestern das Zimmer. Zuerst bekommen sie einen gehörigen Schreck und schauen streng in die Runde. Mit einer Osterparty haben sie nämlich nicht gerechnet.

Aber lachende Patientinnen sind auf dem besten Weg, gesund zu werden. Da zwinkern die Schwestern Ella und Alex verschwörerisch zu. Denn Lachen ist schließlich die beste Medizin!

Huhn oder Ei?

Nadja kann es kaum noch erwarten. In drei Tagen beginnen die Osterferien.

„Heute noch und morgen", denkt sie immer wieder, „dann sind Ferien!" Der Schulweg kommt ihr plötzlich ganz kurz vor.

Klassenlehrer Bertram hat sich für die letzten Tage noch etwas Besonderes ausgedacht. „Was war zuerst da, das Huhn oder das Ei?", fragt er die Klasse und schaut spitzbübisch in die Runde.

„Hä?", entfährt es Paul, dem Frechsten in der Klasse. „Was ist denn das für eine komische Frage?"

Herr Bertram lässt sich nicht beirren. „Was war zuerst da, das Huhn oder das Ei? Das ist doch eine wichtige Frage kurz vor Ostern."

Alle schauen ratlos aus der Wäsche.

„Das Huhn war zuerst da", meldet sich Nadja. „Das Huhn legt doch das Ei."

„Aber das Huhn kommt aus dem Ei", hält Juri dagegen. „Das Ei war zuerst da!"

Nadja denkt an die Hühner zu Hause.

Sie kennt jedes einzelne. Aber was zuerst da war, das Huhn oder das Ei? Darüber hat sie sich noch nie Gedanken gemacht.

Weil niemand eine Antwort weiß, bittet Herr Bertram die Kinder, etwas zu malen oder zu basteln. Alles, was ihnen zu dem Thema einfällt. Als Hausaufgabe. Vielleicht findet sich ja so eine Lösung.

Gleich nach der Schule hockt sich Nadja mitten in den Hühnerstall. Mimi, ihre Lieblingshenne, brütet gerade. Mimi sitzt und sitzt und sitzt. So lange, bis winzig kleine Piepserchen die Schale durchpicken werden.

Nadja freut sich auf die Küken. Wie kleine Federbällchen sehen sie aus. Ganz leicht und flauschig. Und plötzlich weiß Nadja, was sie basteln wird.

Sie sucht Stoffreste, Filzstifte und Uhu zusammen und legt los. Aus rotem Stoff schneidet sie einen Kamm und zwei rote Bäckchen zurecht und klebt sie an ein Ei. Dann kommen zwei braune Flügel hinzu und ein Schwanz. Zum Schluss noch ein dunkles Augenpaar, und fertig ist ein Huhn. Nadja setzt es behutsam in ein winziges Nest aus Stroh.

Am nächsten Tag zeigen die Kinder ihre Bilder und Basteleien. Nadja lässt ihr Eierhuhn nicht aus den Augen. Von außen sieht es aus wie ein Huhn. Aber innen drin ist ein Ei versteckt.

„Ich glaube, das Huhn und das Ei gehören zusammen", erklärt sie, als sie dran ist. „Man kann es irgendwie nicht trennen. Das Huhn hat das Ei in seinem Bauch und das Ei das Huhn. Sie sind eins."

Nadjas Lösung gefällt Herrn Bertram. Auch die anderen finden sie gut.

„Vielleicht ist es ja mit allem im Leben so", überlegt Herr Bertram. „Vielleicht gehört ja in Wirklichkeit alles zusammen. Unsere Hände gehören zu unserem Körper. Ihr gehört zu dieser Klasse. Menschen, Tiere und Pflanzen gehören zur Erde. Und Erde, Sonne und Sterne gehören zum Himmelszelt ..."

„Bestimmt ist es so", denkt Nadja bei sich.

Erklären kann sie das allerdings nicht. Aber es macht ihr ein schönes Gefühl. Und sie knufft ihre Banknachbarin liebevoll in die Seite.

Eierköpfe

„Dieses Jahr gewinnen wir, das steht ja wohl fest", sagt Willi.

Sein Freund Lars nickt. Es geht um den Osterwettbewerb der Sparkasse. Wer die beste Bastelidee hat, ist Sieger.

Willis Einfall ist ziemlich verrückt. Er will die Köpfe der Angestellten auf Ostereiern verewigen. Porträts anfertigen sozusagen.

Eine halbe Stunde sind die Freunde nun schon in der Sparkasse und beobachten die Angestellten. Genauer gesagt, beobachten sie ihre Köpfe.

„Die Augenfarben müssen unbedingt stimmen", flüstert Willi. „Sonst gewinnen wir die Fahrräder nie!"

„Dann musst du weiter nach vorne gehn. An den Schalter", tuschelt Lars zurück. „Von hier hinten kann man die Augen nicht sehen."

„Und was soll ich am Schalter? Einfach blöd rumstehen?", fragt Willi unsicher.

„Du könntest doch Geld wechseln."

Willi fischt drei Euro aus seiner Hosentasche und schlendert nach vorne.

„Bitte in Zehncentstücke wechseln", sagt er mit dünner Stimme und legt die Münzen auf den Schalter.

Frau Mevert arbeitet schon lange in der Sparkasse und wechselt das Geld so schnell, dass Willi ihre Augenfarbe nicht erkennen kann.

Deshalb versucht Lars sein Glück. „In Fünfzigcentstücke wechseln, bitte", sagt er und legt die Zehncentstücke hin. Dabei schaut er Frau Mevert fest in die Augen. Sie sind blau.

Ermutigt schwenkt Lars gleich zu Herrn Seidlich an den Nachbarschalter.

„Bitte in Euromünzen wechseln."

Herr Seidlich wechselt. Und weil die Augenfarbe mancher Angestellten gar nicht so leicht zu erkennen ist, dauert die Wechselei eine volle Stunde.

Am Schluss sind alle Augenfarben identifiziert.

Nachmittags pusten die Freunde bei Lars Hühnereier aus.

„Ich kann nicht mehr", ächzt Willi. „Meine Backen platzen gleich."

„Quatsch, die können nicht platzen. Mach weiter."

Mit Wollresten, Blumendraht und Filzstiften geht es dann an die Arbeit. Als Erstes kommt Herr Seidlich dran. Lars malt ihm graue Augen, riesige Ohren und eine Krawatte. Herr Seidlich hat eine Glatze und ist deshalb ziemlich schnell fertig.

Frau Merz ist da schon schwieriger. Mit

Wolle gelingen ihre roten Locken einfach nicht, denn Wolle ist glatt. Deshalb malt Willi dutzende roter Kringel auf das Ei. Dann noch einen großen roten Mund und blaue Augen.

Willi ist zufrieden und macht gleich mit Frau Mevert weiter. Er schnippelt kurze braune Fäden und klebt sie mit Uhu fest. Das sind Frau Meverts Stoppelhaare. Einfach sind die nicht gerade. Und ihre Ohrringe sind noch schwieriger. Willi biegt sie aus Draht und klebt sie mit Wollschlaufen an den Seiten fest.

Herr Kalwert und Frau Lech gehen danach schon flotter von der Hand. Noch vor dem Abendbrot sind alle fertig.

Willi und Lars sind zufrieden. Sämtliche Angestellten sind eindeutig zu erkennen, finden sie.

Am nächsten Tag überreichen die Freunde mit Herzklopfen ihre kunstvollen Eier. Die ganze Belegschaft läuft zusammen und die Sparkassenkunden dazu.

Im ersten Moment herrscht Totenstille. Niemand sagt ein Wort, und Herr Seidlich streicht verlegen über seine Glatze.

„Haben wir vielleicht Eierköpfe!", platzt er dann raus und lacht.

„Das stimmt allerdings", kichern jetzt auch die Frauen. Schließlich halten sich alle die Bäuche vor Lachen.

Nun ist sonnenklar, warum die zwei Jungen ihnen am Vortag dermaßen auf die Nerven gegangen sind.

Natürlich haben auch andere Kinder tolle Ideen gehabt. Sogar Eierbecher aus Lockenwicklern liegen in einer Vitrine. Doch nichts hat die Leute in der Sparkasse so zum Lachen gebracht wie Willis und Lars' Eierköpfe.

Eine Woche später stehen die Gewinner des Wettbewerbs fest.

Nun ratet mal, wer die zwei Fahrräder gewonnen hat? Na, wer wohl?

Die Erfindung des Eiermaltanzes

Vor vielen hundert Jahren sah das Leben der Osterhasen noch ganz anders aus als heutzutage. Die Hasen lebten in riesigen Wäldern, Menschen gab es wenige, und die Zwerge des Waldes halfen den Langohren bei ihrer Arbeit.

Als der Wald mehr und mehr dem Ackerbau und der Viehzucht weichen musste, verschwanden mit ihm auch die Zwerge. Denn Zwerge sind äußerst scheu.

Für die Osterhasen begann eine schwierige Zeit. Die Menschen vermehrten sich kräftig, und alle wollten mit Ostereiern versorgt werden. Ohne die Hilfe der Zwerge war das beim besten Willen nicht mehr zu schaffen.

Die Hasen gerieten in Stress. Wenn sie das Wort „Ostern" nur hörten, bekamen sie schon Schweißausbrüche.

Das konnte Großmutter Weißnase

schließlich nicht mehr mit ansehen. So konnte es einfach nicht weitergehen! Das war doch kein Hasenleben mehr! Deshalb zog sie sich tief in den Wald zurück, um in aller Ruhe nachzudenken.

  Am Abend tauchte Weißnase gut gelaunt wieder auf und lud die anderen Hasen zu einer Vorführung ein. Gespannt hoppelten alle Hasen herbei.

  Als sie den Bühnenvorhang aus Tannenzweigen zur Seite schob, trat das Tanzwiesel hervor. Es drehte elegante

47

Pirouetten und balancierte dabei ein Ei auf dem Kopf. Die Hasen waren begeistert. Das war höchste Tanzakrobatik!

Aber das Beste sollte noch kommen. Großmutter Weißnase tauchte die Spitze eines Ohres in einen Topf mit Farbe und hielt sie an das drehende Ei.

Die Hasen reckten die Löffel vor Staunen und beobachteten, wie eine wunderschöne Spirale entstand. Das Tanzwiesel schnappte sich immer wieder ein neues Ei, und in Windeseile war ein ganzer Korb mit toll verzierten Eiern voll.

So erfand Großmutter Weißnase den Eiermaltanz. Er war einfach und genial, wie alle großen Erfindungen.

„So können wir die Arbeit locker schaffen!", jubelten die Hasen begeistert.

Und sogar die Hasenkinder wollten mitmachen, so viel Spaß machte es.

Dieser überaus bedeutende Tag wird noch heute von den Osterhasen gefeiert. Denn wenn Hasen etwas schlimm finden, dann sind das Schweißausbrüche kurz vor Ostern.

Das größte Ei der Welt

Als Lias Mutter spät am Abend von der Stadtratssitzung nach Hause kommt, macht sie ein Gesicht wie dreimal aufgewärmter Spinat.

„Ich soll schon wieder den Ostermarkt organisieren", schimpft sie los. „Nur weil ich die Einzige bin, die noch Kinder zu Hause hat."

„Die anderen haben bestimmt keine Ideen mehr", versucht Lia ihre Mutter zu trösten.

„Diesmal hab ich auch keine. Eier verstecken, Eierlampions, Eierlikör, Eierlaufen... Alles schon mal da gewesen."

Hilfe suchend schaut sie in die Runde. Der Vater hat auch keine Idee und setzt erstmal Teewasser auf.

In Lias Hirn rattert und knattert es. „Wie wär's mit dem größten Ei der Welt?", platzt sie dann heraus.

50

„Und wer soll das, bitte, legen?", fragt die Mutter.

„Doch nicht legen!", ereifert sich Lia. „Basteln!"

Jetzt versteht auch die Mutter. Und je länger sie über Lias Einfall nachdenkt, desto besser findet sie ihn.

Zwei Tage später steht es in der Zeitung:

Die größten gebastelten Ostereier der Stadt werden auf dem diesjährigen Oster-

markt versteigert. Der Erlös dient als Zuschuss für den neuen Abenteuerspielplatz. Alle können teilnehmen.

Die Nachricht verbreitet sich in Windeseile. Alle Kinder wollen mitmachen. Denn alle wollen den Abenteuerspielplatz!

Lia und ihre Schwester Jeannette stecken die Köpfe zusammen. Große Eier sind gar nicht so leicht zu basteln, das wird ihnen schnell klar. Aus Baumstämmen jedenfalls können sie keine schnitzen. Und Rieseneier aus Wackelpudding sind vielleicht auch nicht ganz das Richtige.

„Vielleicht sollten wir dieses weiße Quietschezeug nehmen", überlegt Jeannette. „Styropor oder wie das heißt. Das ist leicht und trotzdem ziemlich stabil. Ich glaube, wir haben noch Styropor. In dem alten Fernsehkarton auf dem Dachboden."

Gesagt, getan. Die Mädchen holen das

Styropor, brechen es in faustgroße Stücke und kleben die Teile neu zusammen.
Nach und nach entstehen so zwei riesige Eier. Ritzen und Lücken stopfen sie mit Papier aus.

„Das sind super Dinoeier", strahlt Lia. „Sind nur ein bisschen langweilig, so ohne Farbe."

Mit großen Anstreicherpinseln und Farbresten aus dem Keller zaubern die Mädchen eine prachtvolle Osterbemalung.

Ostermontag ist es so weit. Lia und Jeannette machen sich mit den Eltern auf den Weg. Ihre Dinoeier haben sie bereits ein paar Tage vorher im Rathaus abgegeben.

Hunderte von Menschen tummeln sich auf dem Marktplatz, als sie dort eintreffen. Auf einem Podest reihen sich dutzende von Ostereiern dicht an dicht. Eine richtige Eierpracht ist das.

„In der letzten Reihe sind unsere", flüstert Lia. „Bei den ganz großen."

Dann betritt ein Mann das Podest. Er hat ein Mikrofon in der Hand.

„Herzlich willkommen, liebe Osterfreunde! Herzlich willkommen zu unserer Eierauktion!", begrüßt er die Anwesenden. „Wie ihr ja alle wisst, dient unsere Versteigerung einer guten Sache! Mit dem Geld soll der Grundstein für einen

Abenteuerspielplatz gelegt werden. Ich bitte also um großzügige Angebote!"

Die Zuhörer klatschen Beifall.

„Wer bietet vier Euro für dieses zauberhafte Ei?", schallt es durch die Lautsprecher, und die Versteigerung beginnt.

Das Ei, das der Versteigerer in der Hand hält, ist etwa so groß wie sein Kopf. „Ein Ei aus Pappmaschee, bemalt mit Osterhasen, die Handstand machen. Ein

wertvolles Einzelstück, wie uns die Künstlerin versicherte!", ruft der Mann in sein Mikro.

„Vier Euro!" ruft jemand aus dem Publikum.

„Vier Euro für einen guten Zweck! Wer bietet mehr?", feuert der Versteigerer die Menge an.

So geht es eine ganze Weile hin und her, und schließlich wird das Ei von Polizist Krause ersteigert. Für ganze acht Euro.

„Wenn so ein kleines Ei schon acht Euro bringt, kriegen wir für unseres bestimmt fünfzig", freut sich Lia.

Nach einer halben Ewigkeit sind endlich ihre Dinoeier dran.

„Und nun, meine Damen und Herren, liebe Kinder, haben wir hier zwei einmalige Kostbarkeiten! Echte Dinosaurier-Eier! Frisch aus dem Jurassic-Park! Die optimale Osterdekoration für die Schaufenster unserer Stadt!"

Ein Raunen geht durch die anwesenden Geschäftsleute. Dann kommt Stimmung auf. Zwanzig Euro bietet jemand. Dann fünfundzwanzig. Lebensmittelhändler Willemsen bietet dreißig Euro.

„Dreißig Euro für den Abenteuerspielplatz", ruft der Versteigerer. „Wer bietet mehr?"

Und es wird weiter geboten. Vierzig Euro! Fünfzig! Sechzig Euro!

Lia und Jeannette drücken die Daumen, bis es wehtut.

„Fünfundsechzig!", ruft Lias Vater.

„Siebzig!", hält Willemsen dagegen.

Denn wann bekommt man schon Dinosaurier-Eier? Herr Willemsen erhält den Zuschlag. Er ist sichtlich zufrieden.

Nach und nach wechseln fast alle Eier ihre Besitzer.

Am Ende der Versteigerung betritt Lias Mutter das Podest. „Liebe Kinder, liebe Erwachsene. Herzlichen Dank für eure tatkräftige Mitarbeit. Die versteigerten Kunstwerke haben stolze eintausendundzehn Euro eingebracht. Bravo! Das reicht für eine Tarzanschaukel!"

Die umstehenden Menschen klatschen begeistert Beifall.

„Juhuuu!", jubeln die Kinder. Eine Minute später poltern und toben sie ausgelassen auf dem Podest herum. Mittendrin Lia und ihre Schwester Jeannette. Die einzigen Dino-Ei-Expertinnen der Stadt.

Christina Koenig wurde in Westfalen geboren und lebt heute in einem brandenburgischen Dörfchen bei Rheinsberg. Sie hat verschiedene Berufe ausgeübt, war Mitglied eines Marionettentheaters und studierte in Berlin und Rio de Janeiro Film und Kommunikation. Heute schreibt sie mit Lust und Liebe Bücher und Drehbücher und freut sich über Post, die der Verlag gerne weiterleitet.

Kerstin Völker, geboren 1968 in Bad Schwartau, lebt und arbeitet heute in Hannover. Nach dem Grafik-Design-Studium, Praktikum und anschließender freier Mitarbeit in der Werbung liegt der Schwerpunkt ihrer Arbeit heute in der Illustration von Büchern, Zeitschriften und Spielen für Kinder aller Altersgruppen. Gelegentlich ist sie auch selbst als Autorin tätig.

Leselöwen
Jede Geschichte ein neues Abenteuer